Vivants malgré tout

© writelistenlive, 2024
© Couverture réalisée via Canva
Dépot légal : Juillet 2024
Édition : BoD – Books on Demand, info@bod.fr
Impression : BoD – Books on Demand, In de Tarpen 42, Norderstedt (Allemagne)
Impression à la demande
ISBN : 978-2-3225-4089-1

Tout reproduction du continu de ce recueil est interdite pour un usage collectif. (Article L335-2 / Code de la propriété intellectuelle)

Vivants malgré tout

WRITELISTENLIVE

« Quand sera brisé l'infini servage de la femme, quand elle vivra pour elle et par elle, elle sera poète, elle aussi »

– Arthur Rimbaud

8

PLAYLIST

Si vous souhaitez vous plonger au maximum dans l'ambiance de mon recueil, vous pouvez flasher le QR Code ci-dessous qui vous mènera à une playlist Spotify.

© QR Code réalisé avec me-qr.com

10

AVANT-PROPOS

Je vous présente avec honneur et angoisse mon premier recueil de poésie : Vivants malgré tout.

J'espère de tout cœur qu'il vous plaira et vous guérira de vos maux comme il l'a fait avec les miens.

Mais avant de débuter votre lecture, j'aimerai vous faire part de deux sujets :

I - Les droits d'auteurs
II– L'ensemble du recueil

I- Les droits d'auteurs : En temps qu'autrice de ce recueil, je tiens à signaler (même si je me doute que vous le saviez déjà) que cette œuvre dans sa globalité m'appartient et que tout les droits me reviennent.

Tout copyright envers un de mes poèmes ou même de mon œuvre entière sera sévèrement puni.

Copier une œuvre que ce soit la mienne ou celle de quelqu'un d'autre et cela, peu importe le domaine, ne vous donnera absolument pas plus de notoriété.

Prenez confiance, vous aussi, vous pouvez créer des choses fabuleuses.

II – L'ensemble du recueil : Pour pouvoir réaliser et finaliser ce recueil qui me tient tant à cœur, je me suis faite aider par des personnes à l'âme charitable. Cependant,ni ces personnes ni moi sommes des machines, il est donc possible qu'il reste quelques petites fautes d'orthographe ou de syntaxe. Je m'en excuses et j'espère que ces fautes de vous dérangeront pas dans votre lecture.

TRIGGER WARNING

Ayant écrit ce recueil avec comme moteur mes soucis du quotidien, je prends en compte la noirceur qui peut régner mais surtout les sujets sensibles que j'ai pu évoquer.

Parmi ces sujets, on retrouve en particulier :

- L'autodestruction physique et mentale
- Les idées noires
- L'amour / les ruptures
- Les addictions
- Les maladies
- L'anxiété
- Les agressions sexuelles

Surtout, prenez soin de vous,
J'ai écris ce recueil dans le but d'aider toutes les personnes ayant vécu par le plus grand des malheurs des choses similaires, ne vous faites pas plus de mal.

À vous tous et toutes, vous n'êtes pas seuls, nous sommes des milliers. Même si l'on n'y croit plus, tout s'arrange un jour, tout s'arrange toujours.

16

SOMMAIRE

☀ Lorsque l'amour...

☀ Miroir, dis moi...

☀ Foutue machine...

☀ Des mains, partout...

☀ Mortellement en vie…

☀ S'évader...

18

Lorsque l'amour...

LES LANGUES SE DÉLIENT

Les langues se sont déliées,
　Bien plus vite que je ne l'imaginais,
　　　　Sous la lune éveillée.

SENTIMENT MASQUÉ

Ce sentiment que j'avais supprimé
Que je ne voulais absolument pas connaître
Ce sentiment qui est arrivé sans consentement
Ce sentiment que j'ai nié pendant des mois
Pendant des années

Ce sentiment que je refusais d'admettre
Qui était pour moi inconcevable à ressentir
Que je voulais fuir à tout prix
J'ai essayé, de le fuir
Mais il m'a rattrapé, l'idiot
Ce sentiment que j'associe comme de la douleur
Et non du bonheur
J'y étais habituée

Mais maintenant que je l'ai compris

Je l'accepte en riant
Je l'accepte en le contant
Je l'accepte en l'aimant

Je n'ai plus envie de croire
À ces mensonges de cœurs brisées
Sur lesquels je me suis fondée
À cause desquels je m'en suis privée

PARLER DE TOI

Bien sûr que je voulais parler de toi,
Mais ce n'était pas possible, non pas par pudeur, mais par indulgence.
Évidemment que tout ce dont je souhaitais, c'était de parler…

De ton regard qui s'illumine à chaque fois que tu découvres un peu plus le monde ;
De ton rire si agréable que je n'entends que très rarement mais qui est capable de rendre heureux même les plus malheureux ;
De ta détermination et conviction à chaque épreuve auxquelles la vie te confronte ;
De tes yeux qui, lorsqu'ils ne sont pas remplis de larmes, me transpercent en touchant mon âme ;

De ta voix, qui, malgré sa sécheresse se veut bienveillante à chaque mot que tu prononces ;
Aux simples phrases que tu me lances faisant office de bouée de sauvetage.

Il y a encore quelques mois, je ne voyais pas l'intérêt de vivre pour moi,
Mais à présent, j'en ai trouvé un : celui de vivre pour toi.

AMOUR FIER

Ils ne se disent pas "je t'aime"
Ils restent juste main dans la main
Les doigts entrelacés
Laissant simplement le toucher s'exprimer
Trop de fierté pour assumer ces sentiments vains
Trop de fierté pour assumer un simple "Je t'aime"

L'AMOUR RESTE

C'est avec les papillons dans le ventre que je le regarde.

C'est avec les joues vermeil que je lui parle.

Les années ont beau passer mais rien ne bouge.

J'ai toujours ce même feu dans la poitrine,

J'ai toujours cette même envie d'être avec lui.

Notre premier baiser effleure encore mes lèvres vierges,

Notre premier "Je t'aime" résonne encore au creux de mon être.

TOUT FAIRE

Je faisais tout pour ne pas te voir partir,

M'engouffrant dans un tourbillon infernal me faisant périr.

Je faisais tout pour que tu ne me vois pas

De la même manière que moi.

Alors je m'habillais avec des vêtements que je n'aimais pas,

Avec des accessoires qui ne me ressemblaient pas.

J'arrangeais mes cheveux pour qu'ils ne plaisent qu'à toi,

Simplement pour que je puisse rester auprès de toi.

Car toutes les filles que tu fréquentes sont comme ça:

Belles, bien habillées, bien coiffées, juste parfaites, comme toi.

Faire comme celles que tu n'ignores pas, que tu ne lâches pas;

Faire en sorte que tu ne m'abandonne pas.

JE T'AIME

Je t'aime,

À en sourire...

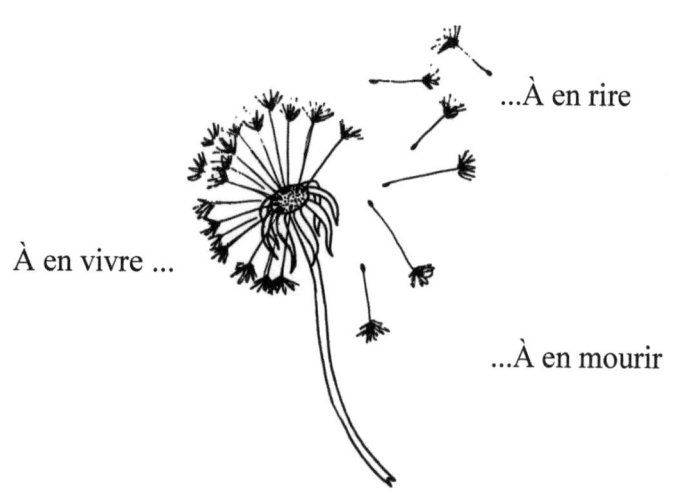

...À en rire

À en vivre ...

...À en mourir

À en vomir.

SALUT

Salut,

Ce soir je t'écris ces quelques mots comme un besoin de me mettre à nue.
Je sais que tu ne l'as pas remarqué, mais depuis quelque temps, ça ne va plus.
Je ne dors plus, je ne mange plus et je passe mon temps à pleurer.

Mais lors de mes crises, où ma seule envie est celle de trépasser,
Quand tout est en désordre dans ma tête, que plus rien n'a de sens,
Tu arrives quand même à venir déranger mon cœur.

J'ai besoin de toi, j'ai besoin de ta présence.
J'ai besoin d'entendre ta voix, j'ai besoin de sentir ton odeur
J'ai besoin de nos corps se frôlant maladroitement

Je sais que ces mots que j'ose t'écrire,
Ces mots que mon cœur hurle chaque soir silencieusement
Sont des mots que je ne pourrais jamais te dire.

Si seulement tu savais à quel point je suis dépendante de toi.

DÉSIR

Ce n'est pas un amour charnel,

C'est un désir obsessionnel.

IGNORANCE

Lorsque nos regards se croisaient sans émoi,
Je perdais tous mes moyens.

Je ne savais pas pourquoi,
Mais je voulais que tu sois mien.

Je ne savais pas pourquoi,
Mais je voulais que l'on soit main dans la main.

J'avais besoin de toi de la même manière dont tu m'ignorais...

ABANDON

À chaque fois que l'on venait à parler, toi et moi
Tu me tenais instinctivement le bras
Je n'ai jamais compris pourquoi
Par peur que je me lasse de toi ?

Ironique sachant que le premier de nous deux à être parti, c'est toi

IL ÉTAIT LÀ

Il était là, juste à côté de moi, celui pour lequel je pouvais tout donner.

Évidemment, il ne se doutait de rien, je faisais tout pour ne rien laisser paraître, il ne le fallait.
Non pas parce que je refusais de me prendre un refus de sa part, non, car ça je le savais déjà,
Mais parce que si je faisais quoi que ce soit laissant penser à un moindre signe d'attachement de ma part, *il partira.*

Malgré tous les signes de refus apparent de sa part et de celle de la vie, je continuais d'avoir des lueurs d'espoir.

Souvent, certains moments passés ensemble me reviennent, les toutes petites attentions que je gardais en mémoire n'étaient qu'illusoires.
La proximité physique et psychique que nous avions pu avoir, les regards lancés lors de certains moments spécifiques qui se voulaient complices.
Je m'en rendais malade de tous ces instants de partage en me disant *"Mon Dieu, quelqu'un m'aime"*, j'en étais admiratrice.

Mais malheureusement, un soir d'été après une journée que j'aurais pu qualifier comme parfaite : du soleil, une plage, des amis, mais surtout lui.
Après cette journée qui avait pour mots clés : boire, rire, s'amuser et j'en passe, *il s'était enfui.*

Le bruit et l'agitation qui étaient encore audibles il y a quelques secondes, avaient maintenant disparu pour laisser place à un silence, *un silence de mort.*

Je ne savais pas où, je ne savais pas pourquoi, mais il était parti, loin vers le large sans jamais se retourner.
Je le regardais, l'observais avancer de plus en plus dans l'océan sans l'appeler, tout avait été figé.
Il avait décidé de ne plus exister, j'étais donc maintenant seule, seule avec nos souvenirs en guise de trésor.

SOUVENIR DOULOUREUX

C'est avec les yeux rempli d'un océan,
Que je repense à nos moments
De joie, de tristesse, de colère
Que je ne reverrai guère.

Le cœur lourd, les poumons frémissant,
Le corps meurtri, le sang bouillonnant.
Je regardais la pluie cogner à la fenêtre,
En espérant pouvoir les faire disparaître,
Ces souvenirs gravés au fer chaud
Qui me torturaient sans défaut.

SÉPARATION MORTELLE

Tu penses que l'on a bien fait de se séparer ?
Parce que moi, je suis sûr et certain que l'on a bien fait.
En se quittant, on a pu faire des choses nouvelles, on a pu découvrir le monde mais aussi se découvrir soit.
Et toi, tu en penses quoi ?

Moi ? Moi je pense que ça a été la pire chose à faire.

Parce que si tu n'étais pas parti, je n'aurais pas tant souffert.

Si j'avais pu découvrir la vie, profiter et sortir plus souvent, la vie aurait été moins amère.

J'aurais pu éviter de tomber dans toutes ces addictions qui m'ont coûté la vie, le sept décembre deux mille treize.

RÊVÉ DE TOI

Par cette nuit claire et silencieuse,
Par cette nuit calme et mystérieuse,
J'ai rêvé de toi.

De nos corps qui se frôlaient tendrement,
De nos corps qui s'attiraient avidement,
J'ai rêvé de toi.

Des paroles que nous échangions sans peine,
Des paroles qui me faisaient sentir reine,
J'ai rêvé de toi.

Des douleurs que je ressentais après tes coups,
Des douleurs qui me brûlaient le cou,
J'ai rêvé de toi

AMOUR VS HAINE

Lorsque l'amour rencontre la haine
Et que les mots doux
Deviennent des mots durs
Ce n'est plus un pas qui les sépare
Mais des dizaines de coups.

Il part se coucher, voulant que je le rejoigne,
Au vu de mon refus, il s'éloigne avec poigne.
Minuit quarante-cinq…

Miroir, dis moi...

VIDE

Manger, c'était donc la seule solution que j'avais trouvé pour combler *ton absence*.
Manger, c'était bien la seule chose qui me venait à l'esprit à ce moment.
Il fallait remplir cet énorme néant qu'*il* avait causé en partant.
Si j'avais su, je ne me serais, pas attaché comme je l'ai fait.
Ça aurait permis de réduire ce désert immense qui, à présent, régnait.

Il fallait dorénavant combler cet espace si vide, si sombre, si froid.
Il fallait maintenant remplir cette partie interne de mon être qui était à *toi*.

MIROIR

Miroir,

Dis moi pourquoi tant de dégoût
Lorsque nos regards se joutent
Qu'est-ce qu'il s'est passé
Pour que l'on vienne à se détester

Je me souviens encore des rires
Que nous échangions sans souffrir
À cause de mes bêtises continues
Et de ces maquillages aux feutres révolus

Pourquoi en grandissant, tout a changé.
Le maquillage au feutre est effacé
À cause d'un amas de larmes brûlantes
Causé par ce regard de mésentente.

HURLEMENTS

Un regard vif dans le miroir
Capable de raviver une douleur brûlante.

Une image gravée dans ma mémoire
Qui me cause bien de déferlantes.

Un corps, un corps qui hurle sous les coups qu'il reçoit.
Un corps meurtri par toute cette haine que je lui envoie.

Si seulement il pouvait être plus beau, plus agréable,
Comme celui de toutes ces filles sur Instagram.

Si seulement il pouvait être moins formé,
moins marqué,
Pour pouvoir coller aux normes de la société.

BRÛLURE

Il m'arrive de me noyer avec de l'eau

De me brûler avec du chaud

Mais surtout de m'étouffer avec tes mots.

JAMAIS ASSEZ

Quoi que je puisse faire, rien n'était jamais assez bien pour eux.

Pas assez mince

Pas assez intelligente

Pas assez sportive

Pas assez belle

Pas assez mature

Pas assez travailleuse

Non, non pour eux j'étais toujours de trop.

Trop grosse

Trop stupide

Trop flemmarde

Trop moche

Trop puéril

Trop procrastinatrice.

Est-ce qu'un jour je pourrais simplement être moi ?

SUBLIME

"Je suis tellement moche par rapport aux autres…"

Pardon ?
Mais tu t'es vu ?
Tu te rends compte de ce que tu oses dire ?
Tu te rends compte à quel point tu es sublime ?
Comment tu peux dire une telle chose de toi…

À qui tu te compares pour penser ça ?
À toutes ces personnes sur Insta ?
Mais mon cœur, ce n'est pas la vraie vie tout ça…

Ok, ok tu n'as pas le corps que tout le monde souhaite, et alors ?
Tu ne te résumes pas à un corps.
Tu te résumes que par toi et ta manière vivre,
Par de toutes ces choses qui font que l'on t'aime,
Et pour lesquelles tu dois t'aimer.

Je sais que ce que je te dis ne va pas changer grand chose
Vu la société dans laquelle on vit, une société d'image.
Mais ça ne change rien au fait que tu sois solaire, irremplaçable
Et encore tellement de mots pour te décrire
Que je n'aurais pas assez d'encre pour te les écrire

Mon cœur, tu es sublime, ne l'oublie jamais

Aimes toi avec la même puissance que celle avec laquelle on t'aime.

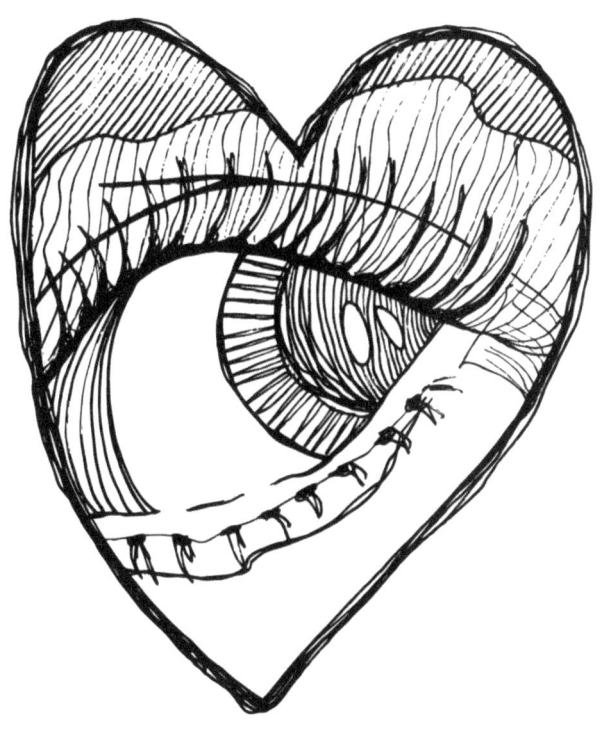

Je fuis dehors, m'installe sur la balustrade.
Dans mon être débute une fusillade,
C'était l'heure où débutait un drame sans fin.

J'embrase une cigarette pour me consumer.
Dans les rues, les gens passent, ils rentrent de soirée.

Deux heures moins vingt…

Foutue machine…

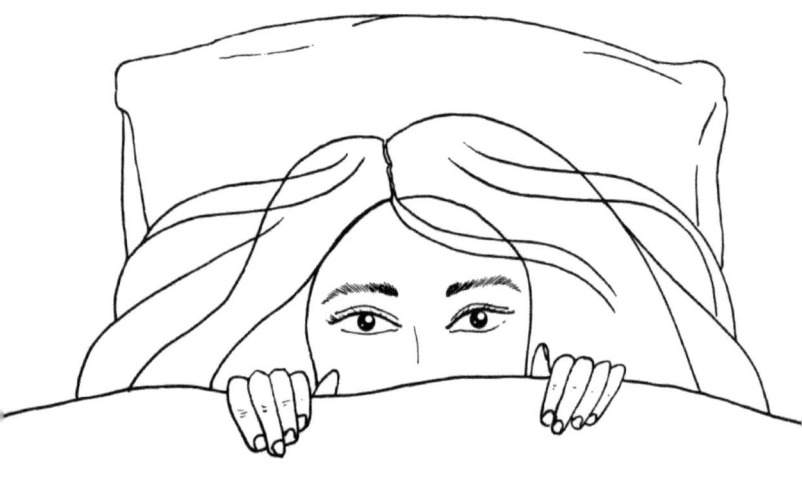

BÊTE NOIRE

Alors que la ville lumière s'éteint sans quiétude
Et que s'endort tout ce beau monde parisien,
Pour certains, c'est un combat nocturne qui débute ;
Un combat contre celle qu'ils fuient, en vain.

C'est chaque soir qu'elle revient à la charge, *la bête noire.*
Personne ne la voit, mais tous la sentent.
C'est chaque soir qu'elle affaiblit sa proie, *la bête noire.*
Passant de la poitrine aux membres tremblants.

Elle n'avait peur de rien, attaquait sans répit.
Dans la moindre petite faille, elle
s'introduisait,
Te réduisant en un amas de larmes.

Plus le temps passait et plus elle me mettait à terre.
Elle faisait de mon corps un sanglant sanctuaire.
Je ne souhaite qu'une chose : *qu'elle disparaisse à jamais.*

RESPIRER

Respirer,
Compter jusqu'à dix,
Ne plus penser,
Respirer…

                                    Respirer,
                                    Trembler,
                        Se gratter jusqu'au sang,
                                    Respirer...

ANXIOGÈNE

À la moindre petite erreur, la machine infernale se mettait en place,
Cette machine que je haïssais plus que tout, qui n'était qu'angoisse.
Dégoûtante, dérangeante, déchirante
Une fois lancée, il était presque impossible d'arrêter la dominante.
Remplaçable, exécrable, insupportable, misérable, incapable, détestable…
Une erreur, une phrase que je n'aurais pas dû dire, et elle s'emballait sans cesse, la machine du *Diable*.
À la moindre erreur faite par malheur elle recommençait
Encore encore encore encore encore et encore sans ne jamais s'arrêter
…Que tout cela était *anxiogène*…

INCENDIÉE

Mon cœur brûle, par pitié.
Si je devais le décrire en un seul mot, je dirais déchiré.
À l'intérieur, un ballet sanglant mélangeant torture et incapacité.
Personne, ni même moi ne peut être apte à calmer mon être incendié.

Inspirer, expirer, fermer les yeux, rester calme, recommencer
Mains sur la poitrine, envie d'hurler, sanglots incontrôlés
Rien, aucun sentiment d'apaisement, l'anxiété était toujours encrée.
Tête qui tourne, nausée, apnée, médicaments avalés.

Stop.

FORÊT

Je courais,
Je courais seule dans cette forêt,
Bercée d'inquiétude et de terreur,
Bercée de voix qui chantent en cœur.

J'angoissais,
J'angoissais à l'idée de me faire rattraper,
Effrayée de ces cauchemars continus,
Effrayée de les voir me mettre à nue.

J'écoutais,
J'écoutais ce que ces vilaines hurlaient,
Paniquée par ces sons si déchirant,
Paniquée par ces mots si menaçant.

Je pleurais,
Je pleurais à l'entente de ces paroles détestées,
Épuisée par l'impossibilité de m'enfuir,
Épuisée par ces bruyantes voulant me nuire.

DÉPRESSION

Personne ne la voyait, personne ne l'avait jamais vue de toute manière.

Personne n'avait jamais vu que, pendant toutes ces années, je me battais,
Je me battais pour vivre.
S'ils l'avaient su, si je leur avais dit, ils m'auraient sûrement ri au nez.

Maintenant que les nuages commençaient à se dissiper pour faire apparaître le soleil.

Ils disaient que j'étais en train de changer, de ne plus être celle qu'ils pensaient avoir en face d'eux.

Oui, oui je change, car la personne qui vous faisait face ces trois dernières années,
ce n'était pas moi,
C'était celle qui enveloppait mon corps, ma chair.
La dépression.

C'est elle, qui a causée tout ce malheur que vous n'avez jamais daigné voir,
Quand je ne voulais plus me lever, plus me laver,
Que le fil qui était censé tenir ma vie se coupait,
À toutes ces fois où mes larmes coulaient sans bruit dans le noir.

Je ne contrôlais plus ma vie;
Je n'en était qu'une simple spectatrice.

LUTTE ENDIABLÉE

C'était une lutte endiablée qui recommençait.
Une lutte contre celle que je pensais avoir surpassée.
Cela faisait des mois que je ne l'avais pas revu, qu'elle ne m'avait pas hantée.

Je n'avais rien demandé, si ce n'est tout faire pour retrouver la foi de vivre.
Mais il a fallu que cette putain se réveille pour une nouvelle offensive.
Son influence était trop forte, alors je m'en excuse, mon Dieu ivre,
Mais comme à chaque fois, je ne pense pas résister, je ne pense pas pouvoir survivre.

Elle était forte, trop forte, pour que je ne puisse l'éviter.
Elle revenait en permanence et sans répit envahir cet esprit rempli de négativité.
À chacun de ses mots, un coup se transperçait et traversait ma peau marquée.
Moi qui me pensais assez forte pour passer outre, bagatelles, j'étais aveuglée.

Le gris glacé me parcourut de nouveau comme dans les années passées.
À chaque passage de fraîcheur sur ma peau fissurée,
Une larme de couleur vive s'échappait.
Je suis désolée mon Dieu, mais une fois de plus, Cat m'a dominée…

C'est cette foutue lutte contre elle qui me rapprochait petit à petit du Diable.

MAL

Ce besoin constant de me faire du mal,

Pour pouvoir transformer la douleur moral,

En douleur physique bien plus supportable.

SUBMERGÉE

Submergée était le mot parfait

Pour décrire toutes ces choses

Qui me frappaient de plein fouet,

À la nuit tombée, lorsque le silence régnait.

Toutes les souvenirs qui me hantaient,

Qui me faisaient perdre la tête,

Revenaient et se décuplaient

Lorsque l'obscurité dominait le monde.

Tout était incontrôlable.

HYPERSENSIBILITÉ

Être étrangère à ce monde n'est pas une chose aisée

Ne pas êtres comme les autres
Ne comprendre personne
Sans que personne ne me comprenne
Si seulement ils savaient la difficulté

Vivre dans le rejet et dans la différence
Devoir être dans un endroit nocif pour ma réussite
Un endroit qui m'empêche de vivre correctement

La société n'est pas adapté pour nous, les hypersensibles.

Ressentir les sentiments plus fortement que les autres
Ne pas les ressentir de la même manière
Ne Pas réussir à les comprendre
Mais pouvoir comprendre que ceux des autres

L'hypersensibilité, cette faiblesse qui nous rend plus forts.

HUMAIN

Ils disent que je m'émerveille pour un rien

Que j'ai un comportement plus qu'enfantin

Mais je ne suis pas d'accord avec ces moins que rien

S'émerveiller face à la beauté du monde n'a rien d'enfantin

Cela prouve juste à quel point je suis humain

TIC...TAC...

Tic…tac…tic…tac
Les aiguilles défilent sous le vacarme incessant
De l'horloge de ma vie
Courant après le temps.

Tic…tac…tic…tac…
Plus elles s'accélèrent et plus elle approche,
La tempête.
Je la vois grossir, rugir,
Et se blottir tendrement au creux de ma tête.

Lorsqu'elle se déchaîne, il est impossible de l'arrêter.
Lorsqu'elle se passe, rien n'est laissé en ordre, tout est couché.

SEULE

J'aime être seule.

Mais je déteste être seule.

ASSASYMPHONIE

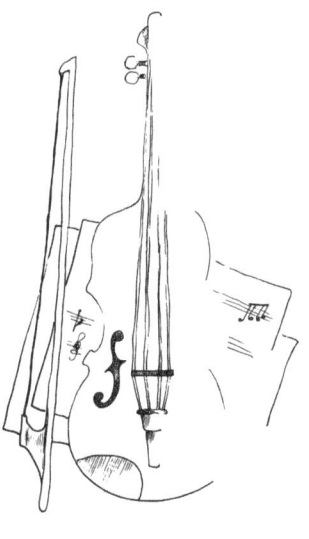

Les hurlements de mon cœur,
Les cris de douleurs,
Les appels à l'aide inaudibles

Formaient ensemble,
Une mélodie parfaite,
Faisant trembler mes membres.

L'assasymphonie sans complexe de ma vie

LUCIFÉRIENS

Le cœur battant dans ma cage thoracique
Si fortement qu'il serait capable d'en sortir,
J'avance vers ce lieu de terreur, ce lieu de malheur.
Je savais ce qui m'attendait une fois à l'intérieur.
C'était mon quotidien depuis des années maintenant,
Les insultes, le rejet, les coups avenants.
J'étais épuisé de cette vie de lycéen
Gâché par quelques complexés lucifériens.
Qui, voulant prendre une confiance abrupte,
Rabaissent les plus faibles pour gonfler leurs égos de grosses brutes.
Et le pire dans tout cela, c'est qu'ils avaient raison de moi.
Je me détestais à cause de ça.
Je leur appartenais, j'étais leur chose, et ils le savaient.

Je passais mes nuits à angoisser du lendemain,
quand il fallait y retourner.
Je rêvais de pouvoir me rebeller, de les
rabaisser à leur vrai valeur,
Celle de harceleur.
Mais j'en étais incapable, terrifié à l'idée
qu'ils accentuent leurs coups.

ÊTRE JEUNE

Je ne disais rien, je me contentais d'acquiescer gentiment,

Mais j'avais juste envie d'hurler à cette bande d'ignares :

Que non, être jeune ne signifie pas ne rien connaître de la vie.

Que non, être jeune ne signifie pas être en bonne santé.

Que non, être jeune ne signifie pas avoir toujours plein d'énergie débordante.

Que non, être jeune ne signifie pas ne pas vouloir travailler.

Que non, être jeune ne signifie pas avoir une belle vie.

Surtout à cause de personnes comme vous.

Les lampadaires venant maintenant de s'éteindre,
Me voilà donc seule, seule dans un noir épars.
Il n'y avait personne, personne pour me rejoindre.
Trois heures et quart…

*Des mains,

partout…*

POUPÉE

Partout sur mon corps, des mains posées.
Elle revenait chaque soir pour de nouveau me découvrir.
Malgré mes tentatives multiples de les retirer,
Elles revenaient sans arrêt.
Malgré les couches de fond de teint que j'appliquais pour les couvrir,
Elles ne disparaissaient jamais, ces marques que personne ne voyait.

Plus le temps passait, et moins j'étais maîtresse de ce corps hideux.
Ce corps qui ne m'appartenait plus, il était maintenant à eux.

À chaque regard jeté dans le miroir, je ne me voyais plus ;
Je ne voyais qu'une poupée que l'on avait osé mettre à nue.

COUCHÉE

J'étais couchée dans ce grand lit.
Paralysée.
J'étais paralysée au touché de ses doigts,
Sa main me bloquant du moindre cri,

Je sentais son souffle sur ma joue.
Je ne voulais pas.
Je ne voulais pas qu'il me touche,
Ses bras me bloquant de toute repousser

Je me haïssais à chacun de ses gestes malsains.
Je priais.
Je priais pour que son bassin se dégage du mien,
Ses jambes me bloquant de toute liberté.

J'avais l'horrible impression de mourir.
Je ne pouvais pas.
Je ne pouvais pas bouger sans qu'il ne le voit,
Son corps me bloquant de tout moyen de partir.

ORAGE

Sous la lumière des éclairs
Et le grondement du tonnerre.
Je n'ose me découvrir,
Par peur de m'affaiblir.

NON

Couchée dans ce grand lit froid,
J'attends que le temps passe,
Lentement.
Perdue dans l'obscurité de mes pensées,

Je réfléchissais,
À comment me sortir de cet enfer
Dans lequel je suis enfermée
À cause d'un "non" que le silence a avalé.

PEUR

J'avais peur
Une peur continuelle et incessante
Une peur incontrôlable et paralysante
une peur qui surgissait sans stupeur

Depuis qu'il s'était permis de me dénuder
Depuis qu'il s'était autorisé de m'utiliser
Pour s'apprêter à ses désirs d'affamé
J'avais peur

Peur de le recroiser
Peur de lui parler
Peur de l'approcher
Peur de le voir recommencer

Il ne me fallait pas que le son de sa voix
Il ne me fallait que le savoir près de moi
Il ne me le fallait que de le savoir sous mon toit
Pour me faire partir en angoisse.

DÉGOÛT

Sentir ses mains sur mes seins,
Malgré mes refus permanent,
Et mes tentatives anodines de les retirer.

Des mains posées sur moi pendant deux heures.
Des mains qui m'ont laissé des marques invisibles.
Deux heures qui sonnaient comme une éternité.

Je sentais sa présence,
Partout,
Tout le temps.

Mon corps était imprégné,
De son odeur,
De son touché.

Je n'avais qu'une envie,
Prendre une douche au cyanure,
En espérant pouvoir enlever ce malaise,
Qui m'est collé à la peau

PRÉDATEUR

<u>Prédateur :</u> Qui dévore ses proies.

Aucun mot ne te convient mieux.
Après m'avoir détruite
D'une manière si dure
Que ma vie s'est noircie.

J'ai l'impression que tu es là.
Partout,
Tout le temps,
Logeant au fond de mon être.

Au rythme du temps qui passe,
Tu me détruis de l'intérieur,
En émiettant mon âme.

Comme un prédateur,
Tu me dévores, moi.
Ta proie.

Tu es mon prédateur intérieur.

Le temps passe, une nouvelle cigarette s'enflamme.
Plus il passe, et plus lentement elle se rapproche.
Elle est toujours présente, toujours là, vague à l'âme,
Celle qui de la vie, tu décroches.

J'attends, j'attends que tu viennes me chercher.
Putain Azraël, qu'elle est dure ton attente
Car ton impatience se transforme en péché.
Cinq heures quarante...

Mortellement en vie…

CHAMBRE VIDE

J'étais là, encore.
Seule dans cette chambre bien trop grande
pour mon corps
Mais bien trop petite pour mon esprit

Je me répétais sans cesse : pitié…
Faites que ma vie s'arrête ici.
J'étais dévastée.

DOUCEMENT

Doucement,
Doucement une ombre vient m'envahir.
Doucement une douleur vive m'enivre.
Doucement ma poitrine se resserre.
Doucement mes joues deviennent mer.

Tendrement,
Tendrement mon être devient sien.
Tendrement se coupent les liens.
Tendrement la douleur cesse.
Tendrement ma vie s'arrête.

CONDAMNÉ

J'étais condamné, je le savais.
Habituellement, je ne perdais aucun combat,
Mais celui-là était différent.

Un combat où le rapport de force est inégal,
Un combat que seuls les plus forts peuvent gagner,
Un combat qui n'est pas fait pour moi.

Je me suis avoué vaincu
Par manque de choix,
Bien trop épuisé par les coups continues de l'adversaire,

Foutu cancer.

ENVAHISSEMENT

En plus de me déranger la nuit,
Il fallait qu'elles m'obstruent le jour ;

J'ai laissé mes idées noires envahir mes nuits blanches,
J'ai laissais ma vie rose devenir une vie morose.

Faisant sombrer mon âme dans les profondeurs abyssales.

TOUJOURS LÀ

Plus rien ne me donnait envie de vivre
Et pourtant, j'étais toujours là
Assise sur cette chaise
À écouter les autres parler sans y prêter attention
Ma tête étant bien trop encombrée de toutes ces idées
Mais ne voulant pas les laisser me dominer
Ne voulant pas passer à l'acte
J'étais toujours là.

DOULEUR MORTELLE

Quand plus rien ne va.
Que seule la douleur est là.
Sans que personne ne la voit.

Je ne souhaites que deux choses :

Pouvoir suivre le soleil
Ne plus avoir d'éveil

DÉSOLÉ

Elle me manque,
Celle pour qui je n'ai jamais été présente,
Celle pour qui je donnerai ma vie,
Pour qu'elle puisse vivre.

Une date gravée au fond de mon cœur
Comme au fond de mon âme.
Cette date qui rend mes joues humides,
Cette date qui fait flancher ma mémoire,
Cette date que j'appréhende de revivre,
Cette date que je veux oublier,
Cette date qui n'aurait jamais dû exister.

Des années sont passées depuis notre au revoir,
Notre dernier,

Et pourtant rien ne part :
La douleur,
Le manque,
Me hantent toujours autant.

Ton cercueil que j'ai touché en me répétant
cette même phrase,
Ton cercueil que j'ai touché en guise de
dernier au revoir.

"Reposes toi mamie, Papy va pouvoir prendre
soin de toi".

IL EST PARTI

Il était parti,
Là-haut dans les cieux...

    Un silence de mort règne dans ma vie,

Mais pas dans mon cœur vibrant au son de nos souvenirs...

Physiquement tu n'es et ne seras plus là,

Mais dans mon âme tu le restes et le resteras...

    Ton absence est douloureuse.

BALLET NOCTURNE

Danser, danser toute la nuit.
Une danse menée par deux corps qui se fuient,
Une danse menée par deux âmes avenantes
Se frôlant bien trop tendrement sous les parapluies des passantes.

Dans les rues de la ville qui ne meurt jamais,
Les vivants les frôlent délicatement sans ne jamais les remarquer,
Ces âmes aux danses rythmées par le battement de leurs cœurs rempli d'espoir

Et par ces lumières qui les maintiennent hors du noir.

Malgré les cris, les râles et les voitures qui grondent,

Rien n'arrive à les séparer de leur ballet en démesure,
Leur danse idyllique surpassant cette ville obscure.

Ce soir, le ballet de deux âmes qui dansent à en faire trembler le monde,
Un ballet de deux cœurs meurtris par la vie,
Un ballet de deux âmes mortellement en vie.

PARLER AUX ÉTOILES

Il me suffit de regarder le ciel
Lors d'une nuit étoilée
Pour pouvoir te parler
De ma vie, de mes états d'âme
Te parler pendants des heures

Comme si tu n'étais jamais parti

Le soleil commençait à se lever,
vermeil.
Alors, la ville dont je suis la martyre
s'éveille.
À son tour, une nouvelle journée
débutait.
Enfin, seulement pour ce beau monde
d'acharnés.

Il fallait rentrer, faire comme si de rien
n'était.
Écrasant ma cigarette dans le cendrier
Je pars en direction de ce lieu,
souffrante.
Et me faufile sans bruit dans notre lit,
mourante.

Cette nuit, j'ai accentué la maladie,
chien.
À son réveil, il ne se doutera de rien,
Sept heure trente…

S'évader…

PARLER À LA LUNE

Une fois la nuit tombée,
Je me presse d'aller la voir.
J'ouvre la fenêtre pour pouvoir parler
À ma seule amitié,
La lune.

                        Au loin, de l'autre côté,
                  Le soleil nous toise du regard.
        Depuis que ces deux amants sont en froids,
                      La Lune me console
            À chaque coup que le soleil me donne.

C'est quand je suis avec elle,
Que mes douleurs s'effacent.
Tout au long de cette nuit douce,
La lune me protège du soleil
Et de ses brûlures.

RIEN NE S'ARRANGE

Comme une envie de m'évader,
Comme une envie de m'échapper,

De cette vie de pleurs,
De cette vie de peur,

Ennuyée de ce monde sans saveur,
Épuisée de ce monde de douleur.

"Tout s'arrange un jour, tout s'arrange toujours", disent-ils.
"Tout est passager, rien n'est fait pour durer", disent-ils.

Ces mots qu'ils se répètent pour se rassurer,
Ces mots qui n'ont plus d'effet.

Rien ne s'arrange, rien ne passe,

Dans ce monde de masse.

DORMIR

Dormir pour oublier,
Dormir pour rêver.
D'une vie qui n'est mienne,
D'une vie sans peine ;

Où mes souffrances ne sont qu'illusoires,
Où je n'ai plus besoin d'exutoire,
Où mon existence n'est qu'un rêve,
Ou j'ai enfin un moment de trêve.

Dormir pour oublier.

VAGABONDE

Vagabonder partout

Et n'importe où

Pour trouver un lieu

Dans lequel je me sens mieux

LIBERTÉ

Je n'ai qu'un désir :
Celui de la liberté.
De n'avoir aucun empêchement,
De pouvoir vivre ma vie comme je l'entends
Faire de ma vie une vie rêvée
Où vivre devient un plaisir inachevé

ÉVADÉE

En cette belle journée de printemps et sous un soleil qui nous oblige à nous découvrir au fil des heures,
Le groupe de filles avec qui je traîne décide de se poser dehors, à l'ombre, au vu de la chaleur.

Elles entament une conversation dont je ne comprends pas grand chose :
Elles parlent des cours et de leurs difficultés, des profs et de leurs stupidités.
C'est donc, ennuyée par ce moment d'échange auquel je ne suis pas conviée, que je me mets à contempler ce paysage toujours aussi morose.
Des fleurs assoiffées, des arbres épuisés et des bâtiments craquelés font de ce paysage de ville un paysage d'ennui.

Un papillon passe, éclairant la noirceur du décors à son passage.
Je ne le quitte des yeux tout au long de sa course tel le ferait une enfant
Il apparaît comme une lumière au fond des ténèbres
Il apparaît comme un signe illuminant ma vie de déprime.

REFUGE

J'ai trouvé comme refuge la poésie
Pour mieux pouvoir comprendre mes
maux

POÉSIE

Grâce à elle, mon cœur
s'embaume.
Elle agit comme un pansement,
Réparant mes plaies ouvertes.

La poésie.

ÉCRIRE

Quand
La solitude
Et la détresse
Sont trop fortes
Au point que personne
N'entende mes appels à l'aide

Il ne me reste qu'une chose à faire
Prendre une feuille, un stylo et
Écrire comme si j'en dépendais
Écrire comme pour survivre
Écrire pour guérir
Écrire

BARRICADES

Les mots sont plus forts que moi.
Pourquoi ?
Car la vie a l'air bien plus simple
Et bien moins insurmontable
Lorsqu'on la peint de mots,
Qui font office de barricades,
Me protégeant des attaques perpétuelles que la vie me lance
En hurlant que c'est ainsi et que tout n'est pas rose,
Que l'on naît pour mourir,
Que l'on naît pour souffrir.

Alors, j'ai commencé à construire cette barricades
Pour ne plus être seule à supporter les attaques,

Pour éviter de faire un massacre.
C'est grâce à elle, que la vie me paraît plus supportable
Moins intenable.

Grâce aux mots qui encaissent la vie à ma place,
Qu'ils encaissent sans fléchir, eux.

Il se réveille, la routine va recommencer.

Comme toujours, j'espérais qu'il n'ait rien remarqué.

"Bonjour Chat, tu as bien dormi ?"

"Super et toi ?"

Comme chaque matin, il me croyait sans foi ni loi.

Tranquillement, il se lève pour aller travailler.

Ah Dieu, si tu n'en avais pas fait un péché,

J'aurais pu me libérer sans en finir ivre

Douloureux, qu'est-ce que c'était douloureux de vivre.

Alors qu'il revient tout sourire, il s'arrête :
"Je pars au travail, passe une bonne journée ma Éve".
Non, ce sera plutôt une journée de malheur.

Aujourd'hui, la routine allait recommencer
Une larme s'échappa, que quelqu'un m'aide, par pitié.
Huit heures…

REMERCIEMENTS

Avant toute chose, je m'excuse car je ne vais pas pouvoir remercier toutes les belles personnes qui m'ont aidé et poussé à faire ce projet. Sachez que ce n'est pas parce que je ne vous cite pas, que je vous ai oublié, bien au contraire.

Merci à mes deux bêtas-lectrices volontaires Anel Odette (@des.photos.pour.odette) et Lisbeth (@lil_vys) pour votre aide ultime. Ce recueil n'est pas seulement le mien, il est aussi le vôtre car sans vous, certains vers n'auraient jamais pu exister. Merci merci merci !

Merci à la vie et à toutes ces choses que j'ai dû affronter, qu'elles soient bonnes ou mauvaises. Car toutes ces choses qui m'ont marqué on pu finir, marqué à l'encre noir, dans un recueil que je n'aurais jamais pensé publier un jour. Donc merci à la vie de toutes ces choses que je peux vivre, malgré les moments de désespoir, tu vaux bien la peine d'être vécue.

Merci également à une personne que je ne citerai pas, mais qui se reconnaîtra si jamais elle lit ces quelques lignes. Merci à vous, Madame. Merci de m'accompagner depuis trois ans, de me donner foi en moi. Vous avez été la première à croire en mon projet d'orientation. Même si maintenant il a changé et que je ne suis plus votre élève, vous ne m'avez pas abandonné pour autant, et pour cela, merci. Je n'oublierai jamais cette discussion à Athènes, ni les mots envoyés pour pouvoir m'aider à affronter la vie et ses souffrances. Je ne sais pas si j'aurais pu terminer ce recueil si vous n'aviez pas été là. Madame, ne changez pas, jamais. Vous êtes la professeure que tout élève rêve, celle qui donne envie d'être en cours, celle qui nous partage sa passion, celle qui ne laisse tomber personne. Alors pour cette professeure et cette femme exemplaire que vous êtes, un énorme merci.

Et enfin, je terminerai ces remerciements par celui que je considère le plus important à mes yeux, celui destiné à une personne qui ne lira jamais ces mots, et si jamais, ne saura pas se reconnaître.
Je ne vais pas te mentir, parler de toi, c'est comme m'arracher le cœur. Ironique ceci dit

car la moitié de ce recueil parle de toi, je pourrais même en écrire un entier avec comme seul sujet, toi.

Fox, tu m'as détruite. Tu m'as détruite autant que tu m'as appris à m'aimer, à t'aimer. Grâce (ou à cause) de toi, j'ai découvert la vie et l'amour, j'ai découvert de nouvelles choses. Nouvelles choses que j'aurais aimé ne jamais connaître. Pendant des mois, je me suis résignée. Je ne pouvais pas décemment ressentir ça pour toi. Le temps est passé mais tout s'accentuait.

Fox, tu es la raison de mon malheur et de mon bonheur.

Donc merci, car sans toi, ton amour illusoire et tes paroles tranchantes, ce recueil n'aurait jamais vu le jour. J'ai recommencé à écrire grâce à toi. Je ne peux parler de toi à personne, alors écrire sur toi était ma seule option pour me libérer de ces sentiments tortueux.

C'est avec ces dernières lignes que je clôture cette partie de ma vie. Cette partie de douleurs et de pleurs, cette partie de souffrance et de transes pour laisser place à la vie. Une vie d'épanouissement, de merveilles, de rire, de positivité. Une vie.

Parce que je reste vivante malgré tout.